AF381502

LA BATAILLE DE FRANCE

La Blitzkrieg, début de l'occupation allemande

Par Vincent Straga
Sous la direction d'Antoine Baudry

50MINUTES.fr

LA BATAILLE DE FRANCE — 9

Introduction
Données-clés

CONTEXTE POLITIQUE ET SOCIAL — 13

Aux origines de la Seconde Guerre mondiale
Le déclenchement de la Seconde Guerre mondiale

ACTEURS PRINCIPAUX — 27

Gerd von Rundstedt, général allemand
Heinz Guderian, général allemand
Maxime Weygand, général français

ANALYSE DE LA BATAILLE — 35

Tactiques et plans d'attaque
Les premières offensives
La ruée des panzers vers la mer
Le miracle de Dunkerque
La fin de la bataille : de l'opération « Rot » à l'armistice

RÉPERCUSSIONS DE LA BATAILLE — 53

Isolement de l'Angleterre
Les débuts de la collaboration et de la résistance
La situation en France

EN RÉSUMÉ — 63

POUR ALLER PLUS LOIN — 69

LA BATAILLE DE FRANCE

INTRODUCTION

La bataille de France, qui se déroule du 10 mai au 22 juin 1940, est considérée comme la deuxième opération terrestre la plus importante menée durant la Seconde Guerre mondiale et vise l'invasion allemande de la France, de la Belgique, des Pays-Bas et du Luxembourg. Elle oppose la France et la Grande-Bretagne (les Alliés), rejointes par la Belgique, les Pays-Bas ainsi que les forces libres polonaises et tchécoslovaques, aux forces de l'Allemagne d'Adolf Hitler (1889-1945), soutenues par l'Italie à partir du 10 juin.

L'affrontement débouche sur un véritable désastre militaire pour la France, totalement vaincue par une Allemagne qui a mis au point une nouvelle stratégie militaire dévastatrice : la *Blitzkrieg* ou guerre éclair. Les conséquences en sont lourdes et multiples : la Belgique, les Pays-Bas, le Luxembourg et près de la moitié de la France – dont Paris – sont occupés par les vainqueurs alors que la Grande-Bretagne est isolée, devenant une cible évidente pour une invasion allemande. Par ailleurs, la campagne sera suivie au mois d'août de la bataille d'Angleterre. Enfin, la disparition de la démocratie en France, en Belgique et aux Pays-Bas marque le début des régimes de collaboration, tels que le régime de Vichy mené par le maréchal de France Philippe Pétain (1856-1951), mais aussi la naissance de la résistance, qui s'organise rapidement dans chacun des pays occupés afin de combattre l'Allemagne nazie.

DONNÉES-CLÉS

- **Quand ?** Du 10 mai au 22 juin 1940
- **Où ?** En Belgique, aux Pays-Bas, au Luxembourg et en France
- **Contexte ?** La Seconde Guerre mondiale (1939-1945)
- **Belligérants ?** La France, la Grande-Bretagne, les Pays-Bas et la Belgique contre l'Allemagne
- **Acteurs principaux ?**
  - Maxime Weygand, général français (1867-1965)
  - Gerd von Rundstedt, général allemand (1875-1953)
  - Heinz Guderian, général allemand (1888-1954)
- **Issue ?** Victoire allemande
- **Victimes ?**
  - Camp français : environ 58 829 morts et 123 000 blessés
  - Camp britannique : environ 3 500 morts et 13 600 blessés
  - Camp néerlandais : environ 2 890 morts et 6 889 blessés
  - Camp belge : environ 7 500 morts et 15 850 prisonniers

CONTEXTE POLITIQUE ET SOCIAL

AUX ORIGINES DE LA SECONDE GUERRE MONDIALE

Du traité de Versailles (1919) aux accords de Munich (1938)

Les racines de la bataille de France remontent à l'après-guerre, et plus particulièrement à 1919. Le traité de Versailles, qui vise à rétablir la paix et à définir les sanctions prises à l'encontre de l'Allemagne jugée responsable du premier conflit mondial, est perçu par cette dernière comme une humiliation. Il marque en effet la fin de l'Empire allemand, devenu République de Weimar, et lui fait perdre son statut prédominant en Europe centrale et occidentale. Plus particulièrement, l'attribution de la ville de Dantzig à la Pologne, qui coupe la Prusse orientale du reste du territoire, est un choc pour les nationalistes allemands. L'invasion de la Pologne par l'Allemagne, le 1ᵉʳ septembre 1939, marque dès lors le point de départ de la Seconde Guerre mondiale.

La perte de puissance de l'Allemagne, frappée en outre par l'inflation des années 1923-1924 et par la crise économique de 1929, permet à Adolf Hitler, ainsi qu'au Parti national socialiste d'extrême droite, d'accéder progressivement au pouvoir avec son parti national-socialiste d'extrême droite. Il est élu chancelier en 1933 et président en 1934. Débute alors une politique raciste, antidémocratique et militariste. De son élection 1939, la stratégie d'Adolf Hitler est de mettre fin aux accords du traité de Versailles et de prendre une revanche sur la France, jugée responsable de la faillite allemande. Pour ce faire, il décide de s'allier à l'Italie fasciste de Benito Mussolini (1883-1945) et signe avec le Duce le pacte d'Acier.

BON À SAVOIR

Le pacte d'Acier (22 mai 1939) marque l'union militaire de l'Italie et de l'Allemagne. Cette alliance stratégique permet à la première de sortir de son isolement politique et à la seconde de désolidariser l'Italie de la France. Adolf Hitler désire ainsi avoir les mains libres en Autriche et éviter une éventuelle guerre à mener sur deux fronts. Cet accord scelle l'union des forces de l'Axe Rome-Berlin décidée secrètement en 1936.

Par ailleurs, Adolf Hitler est aidé dans son entreprise par la faiblesse de la France et de la Grande-Bretagne, qui veulent à tout prix éviter un nouveau conflit européen. Les deux puissances occidentales restent aveugles à la politique raciste, xénophobe et totalitaire du IIIe Reich et laissent le Führer se débarrasser des individus, qu'il juge inférieurs, et de ses adversaires politiques. En outre, Paris et Londres ne réagissent pas à la remilitarisation de la Rhénanie (région située à l'est du Rhin), clause pourtant essentielle du traité de Versailles qui garantissait la sécurité de la France. Enfin, ils restent inactifs devant le réarmement massif de l'Allemagne, qui viole une nouvelle fois les accords du traité. La faiblesse de la France et du Royaume-Uni permet également au IIIe Reich de concrétiser ses visées expansionnistes. Dès le 7 mars 1936, la *Wehrmacht* (l'armée allemande) occupe la Rhénanie, zone démilitarisée après le traité de Versailles. Quelques jours plus tard, Adolf Hitler rattache l'Autriche à l'Allemagne au cours de l'opération *Anschluss*. Mais la crise tchécoslovaque de 1938 laisse entrevoir à l'Europe les ambitions guerrières du régime allemand, qui désire annexer les régions où vivent les Sudètes (les Allemands de Bohême). Cette crise pourrait en effet embraser l'ensemble du continent, d'autant plus que la France, liée à Prague par une alliance militaire, comme à mobiliser ses troupes. Pour éviter la guerre, Adolf Hitler propose une médiation sur conseil de Benito Mussolini.

BON À SAVOIR

Présents en Bohême et en Moravie depuis le Moyen Âge, les Sudètes sont rattachés à la Tchécoslovaquie depuis le traité de Versailles. Au total, ce sont près de trois millions d'Allemands qui y vivent, rassemblés majoritairement le long de la frontière avec l'Allemagne. Au cours des années trente, les conflits s'accentuent et donnent naissance en 1933 au Parti allemand des Sudètes. Avec l'appui du IIIe Reich, ce dernier revendique le retour des Sudètes en Allemagne. Pour

Prague, la situation est critique parce que les principales lignes de défense du pays contre l'Allemagne se trouvent justement dans les régions où vivent les Sudètes.

Au cours des futurs conflits, les Sudètes se révèlent de fidèles collaborateurs au régime national-socialiste. Après la Seconde Guerre mondiale, ils seront expulsés de leurs habitats par le gouvernement tchécoslovaque et trouveront refuge dans la nouvelle République fédérale allemande.

L'Allemagne rencontre alors l'Italie, le Royaume-Uni et la France les 29 et 30 octobre 1938 à Munich pour y négocier un traité. Notons toutefois que la Tchécoslovaquie, pourtant directement concernée, est exclue des débats. Pour échapper à la guerre, Édouard Daladier (homme politique français, 1884-1970) et Joseph Chamberlain (homme politique britannique, 1836-1914) sacrifient la Tchécoslovaquie, qui doit accepter la situation à contrecœur. En effet, les conséquences sont lourdes pour cet État qui voit une partie de ses régions annexées à l'Allemagne, mais également à la Pologne et à la Hongrie. En mars 1939,

Adolf Hitler envahit le reste du pays, dont il ne restera que le protectorat de Bohême-Moravie et l'État slovaque, créés par le IIIe Reich.

Confiant à la fois dans sa force et dans la faiblesse de ses adversaires, Adolf Hitler sait à présent qu'il peut franchir un autre cap dans sa politique étrangère.

LE DÉCLENCHEMENT DE LA SECONDE GUERRE MONDIALE

La campagne de Pologne

Le 23 août 1939, un pacte de non-agression entre l'Allemagne et l'URSS de Joseph Staline (1878/1879-1953) est signé. Celui-ci prive les puissances occidentales de leur dernier allié possible à l'Est et assure à l'armée allemande de ne pas devoir lutter sur deux fronts en simultané, ce qui leur a été fatal au cours de la Première Guerre mondiale (1914-1918). Par ailleurs, les Soviétiques fournissent à l'Allemagne de nombreuses matières premières dont elle a besoin pour faire débuter une guerre. Dès lors, il n'existe plus aucune limite ni aucun obstacle aux désirs expansionnistes du IIIe Reich qui souhaite prendre des terres jugées nécessaires à sa survie et, le 1er septembre 1939, l'Allemagne envahit la Pologne. Pour expliquer cette attitude belliqueuse, la *Waffen-SS* (branche militaire de la SS) a orchestré la veille une fausse attaque polonaise dans la ville de Gleiwitz. Cette opération, préparée par Heinrich Himmler (homme politique allemand, 1900-1945), consistait en l'attaque d'un émetteur radio par une douzaine d'hommes provenant d'un camp de concentration portant l'uniforme polonais. En échange, ceux-ci espéraient être libérés, mais c'est finalement la mort qui les attend.

Cette attaque ne reste pas sans suite et très vite la France et la Grande-Bretagne décident de riposter avec fermeté en déclarant la guerre à l'Allemagne : la Seconde Guerre mondiale vient tout juste de débuter.

Bon à savoir

L'année 1939 est marquée par l'effort des deux camps pour se rapprocher de l'URSS. La France et l'Angleterre d'Édouard Daladier et de Joseph Chamberlain veulent se rapprocher de Joseph Staline pour contraindre l'Allemagne à une guerre sur deux fronts. Toutefois, la faiblesse militaire des Alliés ainsi que d'autres complications, telles que le refus de la Pologne de voir traverser son territoire par l'Armée rouge, incitent l'URSS à accepter le pacte de non-agression que lui propose le ministre des Affaires étrangères du IIIe Reich Joachim von Ribbentrop (1893-1946).

Ce pacte comprend également une entente des deux pays pour le partage de l'Europe orientale et des pays baltes. Ainsi, dès la signature de l'accord, le sort de la Pologne est scellé.

La campagne de Pologne (du 1er septembre au 6 octobre 1939) est un véritable triomphe pour la *Wehrmacht.* L'armée allemande, réorganisée et modernisée, vainc des troupes polonaises pleines de vaillance, mais dont l'équipement est trop obsolète pour soutenir la comparaison. Suite à cela, la France et l'Angleterre décrètent un embargo maritime sur tout produit devant arriver sur le territoire allemand. Toutefois, la riposte terrestre est bien plus faible. Seule une partie de l'armée française est disponible au début du mois de septembre, du fait des lenteurs de la mobilisation. L'état-major français se décide néanmoins à lancer une offensive en Sarre (nord de la Lorraine) le 7 septembre, contre la ligne de fortifications allemande du *Westwall* (« Mur de l'ouest »). Mais cette opération n'atteint que de faibles objectifs et l'armée française met fin à son attaque le 28 septembre, par crainte d'une confrontation directe avec la Wehrmacht.

La drôle de guerre et les premières offensives

D'octobre 1939 au 10 mai 1940 se déroule la drôle de guerre sur le front franco-allemand. Les soldats des deux camps se retranchent derrière leur système fortifié respectif, à savoir la ligne Maginot (camp allié) et le *Westwall* ou ligne Siegfried (camp allemand). Aucune attaque n'étant prévue sur ce front, l'Allemagne peut donc s'armer et préparer ses plans d'attaque.

Cependant au nord de l'Europe, des combats font toujours rage, notamment en Scandinavie. L'armée allemande envahit le Danemark et la Norvège, deux pays neutres, afin d'assurer la sécurité de son approvisionnement en charbon. En outre, la marine allemande s'intéresse particulièrement aux ports norvégiens, qui pourraient servir de bases à la *Kriegsmarine* (la marine de guerre allemande). Par ailleurs, la Norvège constitue une base aérienne de choix contre les possibles adversaires du IIIe Reich.

À cette occasion, l'aviation militaire allemande, la *Luftwaffe*, démontre sa supériorité en Europe et domine la *Royal Navy* anglaise, pourtant considérée comme la meilleure flotte au monde. C'est un nouveau succès pour Adolf Hitler.

Mais le 10 mai 1940, le voile se déchire subitement en Europe occidentale. L'Allemagne passe à l'offensive en envahissant la Belgique, les Pays-Bas et le Luxembourg pour porter ses armées en France. Le plan allemand, conçu par le général Erich von Manstein (1887-1973) – qui deviendra célèbre en URSS quelques années plus tard, notamment lors de la bataille de Koursk – consiste à attirer les forces armées alliées en Belgique, puis à les encercler en traversant le Nord de la France. Cette tactique est connue sous le nom de « plan jaune » ou « coup de faucille ». Pour le IIIe Reich, les enjeux de la bataille sont clairs : il faut venger le pays de l'humiliation du traité de

Versailles et assurer la prédominance de l'Allemagne en Europe. Par conséquent, la bataille de France doit donner à la Wehrmacht les moyens de vaincre la Grande-Bretagne.

La bataille de Koursk (5 juillet-23 août 1943) est la dernière grande offensive stratégique allemande en URSS. À l'été 1943, la Wehrmacht décide de briser le saillant de la ville de Koursk (ouest de la Russie) où sont rassemblées d'importantes forces soviétiques. L'armée allemande mobilise pour l'occasion près de 900 000 hommes et 3 000 chars. Mais les panzers allemands (les blindés) ne parviennent pas à percer les défenses de l'Armée rouge. Le 12 juillet, la ville de Prokhorovka voit s'affronter près de 1 500 chars, ce qui entraîne de terribles pertes dans chaque camp. Suite à cela, le 13 juillet, Adolf Hitler décide l'arrêt des opérations. Les armées soviétiques ont en effet repris l'offensive sur d'autres fronts et menacent les arrières de la Wehrmacht. Le Führer est également inquiet en raison du débarquement allié en Sicile et souhaite envoyer des renforts en Italie. La bataille de Koursk constitue une victoire décisive de l'URSS.

Les objectifs de la France et de la Grande-Bretagne, auxquelles s'allieront à partir du 10 mai la Belgique et les Pays-Bas, ne sont pas moins clairs : il faut arrêter Adolf Hitler et détruire son régime national-socialiste pour garantir la sécurité de l'Europe. Les gouvernements français et britannique veulent également restaurer les pays brisés par le IIIe Reich (la Pologne et la Tchécoslovaquie) et libérer ceux occupés par l'ennemi. Mais les souvenirs tragiques de la Première Guerre mondiale pèsent encore de tout leur poids. Ainsi, la stratégie de l'armée française, de loin la force alliée la plus importante (près de 90 divisions) consiste à se positionner de manière défensive – la ligne Maginot illustre à merveille cette stratégie militaire. Malheureusement, le déroulement du conflit montrera que les armées alliées ne sont pas prêtes à en découdre avec l'Allemagne.

ACTEURS PRINCIPAUX

GERD VON RUNDSTEDT, GÉNÉRAL ALLEMAND

Né en 1875, Gerd von Rundstedt est originaire d'une grande famille aristocratique de Prusse. Il commence sa carrière dans l'armée à 18 ans et participe quelques années plus tard à la Première Guerre mondiale.

Lors de la campagne de France, Gerd von Rundstedt dirige le groupe d'armées A. Véritable fer-de-lance de la *Wehrmacht*, celui-ci se compose de 45 divisions, dont sept divisions blindées – alors que l'armée allemande n'en compte que dix. Il est chargé d'enfoncer les lignes françaises sur la Meuse, afin de permettre l'encerclement des forces adverses selon le plan du « coup de faucille ». La manœuvre est un véritable succès et les blindés allemands, perçant les défenses françaises, s'engouffrent dans la brèche à partir du 15 mai. Le 24 mai, les blindés de la IIe division atteignent la côte française près de Boulogne. Mais ils reçoivent l'ordre de stopper leur avance, car l'état-major allemand redoute une contre-offensive. Par ailleurs, l'infanterie ne parvient pas à se déplacer aussi rapidement que les blindés qui restent par conséquent sans protection rapprochée. Cette décision permet toutefois aux Alliés de rembarquer leurs troupes dans les ports de Dunkerque grâce à l'opération « Dynamo ». Après cette pause, le groupe d'armées A reprend son offensive et envahit le territoire français. Là encore, le succès est éclatant.

Par la suite, il participe à de nombreuses campagnes de la *Wehrmacht*, dont l'opération « Barbarossa » qui vise l'invasion de l'URSS à partir du 22 juin 1941. Après cet épisode, Gerd von Rundstedt, qui possède désormais le grade de maréchal, reçoit le commandement du front Ouest en France. Il ne parvient cependant pas à briser le débarquement allié du 6 juin 1944 et doit se replier en Allemagne. Il dirige encore la contre-offensive dans les Ardennes en décembre 1944, mais est vaincu par les armées anglo-américaines. Interné après la capitulation allemande à Nuremberg, Londres puis Hambourg, il prend sa retraite et s'installe finalement dans la ville de Hanovre où il décède en 1953.

HEINZ GUDERIAN, GÉNÉRAL ALLEMAND

Né en 1888, Heinz Guderian fait partie d'une vieille famille militaire prussienne. Il est considéré comme le père de l'armée blindée allemande de la Seconde Guerre mondiale. C'est grâce à ses écrits et à son activité durant l'entre-deux-guerres (1919-1939) que sont théorisés les principes et les caractéristiques des futurs blindés allemands ainsi que leur utilisation dans les combats, ce qui rendra possible la stratégie allemande de la *Blitzkrieg*.

Durant la bataille de France, Heinz Guderian commande le XIXe corps d'armée, chargé de l'effort principal en direction de la Meuse, entre Monthermé et Sedan (communes françaises). À la tête de ses divisions blindées, son avancée est fulgurante. Dès le 13 mai, les troupes allemandes enfoncent les lignes françaises et franchissent la Meuse. La rapidité des *panzers* est telle qu'elle impressionne même l'état-major allemand. À partir du 16, la tête de pont en Meuse est bien établie et les Allemands peuvent commencer leur marche vers les ports français. Heinz Guderian, qui suit au plus près son avant-garde, donne l'ordre à ses hommes d'avancer tout droit, sans se soucier de ce qui se passe autour d'eux, et d'ainsi profiter de la confusion des armées françaises. L'entreprise est un nouveau succès, malgré les contre-attaques désordonnées des Alliés. Le rôle du général est essentiel durant cette phase. Désobéissant aux ordres de ses supérieurs qui lui donnent à maintes reprises l'ordre de s'arrêter, il poursuit sans cesse son offensive et, sans l'aide de l'infanterie, il parvient à mettre à mal l'armée française. Durant la deuxième phase de la bataille, après le rembarquement de Dunkerque, Heinz Guderian et ses blindés remportent encore de nombreuses victoires. Ses divisions blindées franchissent l'Aisne, se rabattent sur les dernières armées françaises présentes derrière la ligne Maginot et foncent vers les Alpes. Toujours doté d'une folle énergie, très combatif, le général suit ses *panzers* à bord d'un véhicule de commandement rempli de matériel radiophonique. Il est ainsi en liaison constante avec ses troupes et avec la *Luftwaffe* qui les soutient du ciel.

La suite de la carrière de Heinz Guderian est également glorieuse. Il dirige en URSS la deuxième armée *panzer* qui parvient aux portes de Moscou en décembre 1941, avant d'être stoppée par l'Armée rouge. Plus tard, il devient inspecteur général des blindés et, à partir de l'été 1944, il est responsable de l'ensemble du front de l'Est. Il est limogé de ce poste en 1945 par Adolf Hitler, avec lequel il a de fréquentes altercations. Arrêté le 10 mai 1945 par les Américains, il est libéré le 17 juin 1948 et meurt en 1954 en Bavière.

MAXIME WEYGAND, GÉNÉRAL FRANÇAIS

Le 17 mai 1940, le chef du gouvernement français Paul Reynaud (1878-1966) congédie le généralissime Georges Gamelin (1872-1958) et nomme à sa place Maxime Weygand. Ce dernier dispose d'un immense prestige dans l'armée française en tant que bras droit du maréchal de France Ferdinand Foch (1851-1929) et cosignataire de l'armistice durant la Première Guerre mondiale. La tâche de Maxime Weygand n'est pas évidente : il doit tenter de sauver l'armée française du désastre qui la menace. Nationaliste, vif et sec, le nouveau généralissime reste optimiste et remonte vite le moral de l'état-major français. Mais les contre-attaques des armées alliées en Belgique, ordonnées selon le plan qu'il a lui-même mis en place, échouent et ne peuvent empêcher le rembarquement des forces franco-britanniques à Dunkerque. Après cet échec, Maxime Weygand tente de reconstituer une ligne de défense le long de la Somme et de l'Aisne, tout en prévenant le gouvernement que sa situation est critique. Après plus d'une semaine d'âpres combats, l'armée allemande a raison de cette dernière résistance de l'armée française et les panzers foncent à travers l'Hexagone. L'armée française est en déroute et le gouvernement doit trouver le moyen de stopper le conflit. Le généralissime se rapproche alors du camp du maréchal Philippe Pétain et prône l'armistice politique, qui est finalement conclu le 22 juin 1940 à Rethondes dans le wagon qui avait vu la signature de l'armistice du 11 novembre 1918 par le maréchal Ferdinand Foch.

Le général Weygand poursuit sa carrière au sein du gouvernement de Vichy où il occupe des fonctions importantes. Fervent chrétien et ennemi de la IIIe République, il croit en la nécessité d'une transformation de la France. Il est toutefois hostile à toute collaboration avec le IIIe Reich. Arrêté en 1942 par les Allemands, il est libéré et renvoyé en France à la Libération. Un temps inquiété en raison de son activité à Vichy, il est dégagé de toute responsabilité en 1948 et meurt à Paris en 1965.

ANALYSE DE LA BATAILLE

TACTIQUES ET PLANS D'ATTAQUE

Le 10 mai 1940 marque le début du conflit entre les forces en présence. Pour évoquer avec exactitude les opérations militaires qui se déroulent jusqu'au 22 juin, il est nécessaire d'expliquer les plans de guerre des états-majors.

Du côté allemand, celui-ci porte le nom de « plan jaune » ou « coup de faucille » et comprend deux phases successives :

- un groupe d'armées allemand, le groupe B, comprenant la majeure partie des forces blindées, pénètre tout d'abord en Belgique et aux Pays-Bas afin d'attirer dans ces pays les principales forces françaises et britanniques. De cette manière, les Allemands désirent tromper les armées alliées en mimant une répétition de leur plan de 1914, le plan Schlieffen ;
- parallèlement à cette opération, un autre groupe d'armées, le groupe A, mené par le

général Gerd von Rundstedt, doit franchir les Ardennes et passer la Meuse dans la région de Sedan, Dinant et Monthermé, située entre les forces militaires alliées en Belgique et la ligne Maginot. De là, les troupes allemandes doivent gagner la mer du Nord pour encercler les forces alliées.

Bon à savoir

La stratégie militaire allemande se caractérise durant le début de la Seconde Guerre mondiale par le concept de *Blitzkrieg*. Elle sous-entend une offensive éclair des troupes allemandes, qui percent les lignes ennemies et encerclent successivement les armées adverses avant qu'elles n'aient le temps de se réorganiser ou de se replier sur d'autres positions. Pour ce faire, l'armée allemande accorde une place primordiale dans ses rangs aux forces blindées. Cette nouvelle stratégie doit également beaucoup à l'évolution de la *Luftwaffe*. Cette dernière, commandée et organisée par le maréchal Hermann Goering (1893-1946), est en 1939 la première aviation du monde. Elle a pour mission d'accompagner l'avancée des *panzers* et de désorganiser les forces ennemies qui se trouvent face à eux. Cette coordination entre les deux forces, novatrice en 1939 et 1940, permet à l'armée allemande de donner du rythme aux opérations militaires.

Du côté allié, le plan d'attaque est appelé la manœuvre « Dyle-Breda ». Elle tend à contrer l'invasion prévue de la Belgique par les forces allemandes, projet dont les Alliés ont eu connaissance à la suite de l'atterrissage forcé d'un avion ennemi. Pour ce faire, la *British Expeditionary Force* (BEF) et les meilleures divisions françaises doivent passer la frontière et se porter au secours des armées belges et hollandaises en retraite sur la Dyle (Belgique) et à Breda (Pays-Bas). En réunissant ces forces, les Alliés rétabliront l'équilibre avec l'armée allemande et pourront la mettre en échec en Belgique. Le généralissime Georges Gamelin prévoit ultérieurement une offensive en Meuse et en Moselle pour prendre la Wehrmacht en tenailles. Mais le sud de la Belgique et la frontière franco-belge à cet endroit sont tenus par deux armées de moindre valeur, car l'état-major français tient pour acquis

– à tort – que le massif des Ardennes est impraticable pour les forces blindées allemandes.

Au-delà de la frontière belge se dresse la ligne Maginot et ses nombreux forts qui doivent parer toute offensive allemande. Les faiblesses du plan allié sont nombreuses :

- les réserves pour les armées du front belge sont faibles ;
- les forces blindées françaises, pourtant plus nombreuses et de meilleure qualité que celles de leurs adversaires, sont mal organisées et disséminées sur le front ;
- la liaison avec les armées belges et hollandaises est mauvaise.

Bon à savoir

La stratégie militaire de l'armée française durant l'entre-deux-guerres connaît de profondes évolutions. En effet, l'analyse de la Première Guerre mondiale amène le gouvernement ainsi que l'état-major français à estimer que le principe offensif, qui avait primé de 1914 à 1918, n'est plus applicable. L'armée française doit dès lors agir de manière défensive. C'est ainsi que naît le projet d'une ligne de fortifications le long des frontières du pays – appelée la ligne Maginot, du nom du ministre de Guerre français André Maginot (1877-1932) – dont la construction remonte à 1928.

Celle-ci ne se contente pas de fermer la frontière franco-allemande. Elle se déploie également en partie le long de la Belgique, de la Suisse et de l'Italie. L'objectif consiste à s'opposer à toute voie d'invasion allemande ou italienne possible. Néanmoins, les ouvrages les plus importants se trouvent à la frontière allemande et plus particulière-ment en Alsace-Lorraine. Même s'il existe de nombreuses autres constructions de ce type, aucune n'aura la valeur symbolique de la ligne Maginot. L'armée française la considère en effet comme imprenable et centre toute sa stratégie sur elle. Pourtant, cette forteresse de béton démontrera son caractère obsolète en mai 1940 lorsque les Allemands la contourneront pour se diriger vers les zones les plus fragiles du dispositif français.

LES PREMIÈRES OFFENSIVES

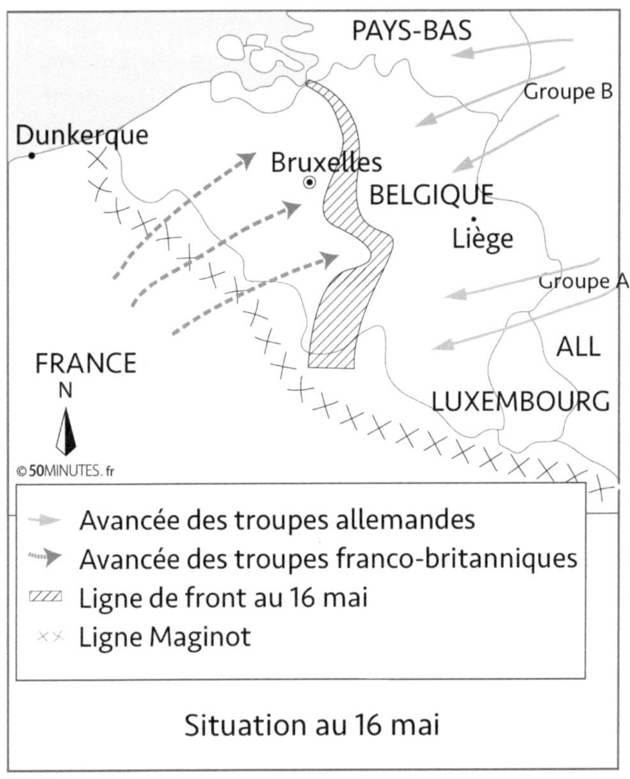

La bataille de France débute le 10 mai par une offensive allemande en Belgique et aux Pays-Bas. Dès l'aube, des soldats allemands emmenés pour la première fois par planeurs conquièrent le fort belge d'Eben Emael, qui protège Liège et le passage de la Meuse. Parallèlement, les parachutistes allemands prennent les principaux ponts sur le Rhin aux Pays-Bas, perturbant le déploiement de l'armée hollandaise. Cette violation de la neutralité de deux pays provoque le début de l'opération « Dyle-Breda » chez les Alliés. Les armées franco-britanniques entrent alors en Belgique et en Hollande, et parviennent à arrêter l'avancée allemande sur le territoire belge, sur la ligne Sedan-Leuven. Persuadé que les Allemands vont répéter le plan d'attaque de 1914, le généralissime français Georges Gamelin est satisfait des opérations et se montre confiant quant à l'issue.

Cependant, si en Belgique les meilleures divisions de l'armée française mettent un frein à la progression du groupe B, à Sedan la 9e armée française du général André Georges Corap (1878-1953) est vaincue dès le 13 mai par les divisions blindées de Heinz Guderian. Par la suite, d'autres divisions allemandes franchissent la Meuse à Monthermé et à Dinant, provoquant la panique générale dans les rangs français. La région est complètement envahie le 16 mai. La 2e armée du général français Charles Huntzinger (1880-1941) est également vaincue et les panzers de Heinz Guderian peuvent enfin commencer leur raid vers la mer du Nord.

La situation est tout autant critique aux Pays-Bas qui voient capituler l'armée hollandaise le 15 mai. Constamment tourmentée par la *Luftwaffe*, la 7e armée du général Henri Giraud (1879-1949) ne peut leur apporter l'aide nécessaire.

LA RUÉE DES PANZERS VERS LA MER

L'état-major français tente alors de contrer le mouvement des *panzers* et de colmater la brèche, comme ils l'ont fait en 1914. Il lance ses divisions blindées, mais celles-ci sont rapidement disloquées. Les journées du 17 et du 19 mai voient la première intervention de Charles de Gaulle (1890-1970), alors colonel, à la tête de la 4e division cuirassée de réserve dans la région de Montcornet. Celle-ci remporte un premier succès face aux *panzers*, mais sa division ne résiste pas à l'intervention de la *Luftwaffe* et doit se replier. L'avancée allemande se poursuit donc et les villes d'Amiens et de Saint-Quentin tombent. La panique se fait encore plus fortement sentir au sein de l'armée française, coupée en deux par la manœuvre allemande.

Les 18 et 19 mai, des changements s'opèrent dans le gouvernement et l'état-major français. Le président du conseil Paul Reynaud rappelle à ses côtés Philippe Pétain et le généralissime Georges Gamelin doit céder sa place à Maxime Weygand. Ce dernier croit encore en un rétablissement des forces alliées. Dès lors, il ordonne aux armées françaises et au BEF de mener l'offensive depuis la Belgique et de reprendre contact avec le reste des troupes françaises. Malheureusement de nombreux retards, dus notamment à la désorganisation des armées, ruinent son plan.

Le 21 mai Lord Gort, chef de la BEF (1886-1946), attaque Arras, mais échoue devant la VIIe division blindée d'Erwin Rommel (1891-1944). Le lendemain, la 1re armée française, menée d'abord par le général Georges Marie Jean Blanchard (1877-1954) puis par le général Georges Catroux (1877-1969), attaque en direction de Cambrai, mais elle est vite arrêtée par les assauts des avions de combat qui interviennent en groupes de 25 à 40. Le 24 mai, la IIe division blindée allemande arrive à Calais, face à l'Océan atlantique : le « coup de faucille » a réussi. Les troupes alliées sont contraintes de se replier à Dunkerque tandis que le roi des Belges Léopold III (1901-1983) capitule avec son armée le 28.

LE MIRACLE DE DUNKERQUE

Le gouvernement anglais, qui a vu Winston L eonard Spencer Churchill (1874-1965) prendre remplacer Joseph Chamberlain après la défaite de la *Royal Navy* en Norvège, envisage dès la percée allemande un possible échec. Londres décide par conséquent l'exécution de l'opération « Dynamo » et le rembarquement de la BEF en Angleterre, qui commencent véritablement le 28 mai pour se clôturer le 4 juin. C'est une véritable réussite : près de 200 000 soldats anglais et 113 000 soldats français sont évacués vers l'Angleterre. Toutefois, la réussite de l'opération « Dynamo » est liée à la décision prise par Adolf Hitler et d'autres responsables militaires allemands tels que le général Gerd von Rundstedt d'arrêter jusqu'au 1er juin l'armée allemande aux portes de Dunkerque. Seule la *Luftwaffe* combat la *Royal Navy*, mais son action est perturbée par l'intervention des avions de chasse de la *Royal Air Force.* Pour que ce projet soit couronné de succès, les divisions françaises ont dû sacrifier certaines divisions françaises qui ont permis la défense de Dunkerque du 1er au 4 juin.

Cependant d'un point de vue stratégique, l'opération « Dynamo » est une défaite pour les Alliés :

- la BEF et les troupes françaises survivantes ont perdu tout leur matériel lourd ;
- les Allemands font plus de 100 000 prisonniers ;
- de nombreux bâtiments de guerre français et anglais ont été détruits malgré la résistance de la *Royal Navy* et de la *Royal Air Force.*

Au terme de l'action, l'armée française se retrouve pratiquement seule face à la *Wehrmacht.* Seules quelques divisions polonaises et britanniques participent encore au conflit à ses côtés.

LA FIN DE LA BATAILLE : DE L'OPÉRATION « ROT » À L'ARMISTICE

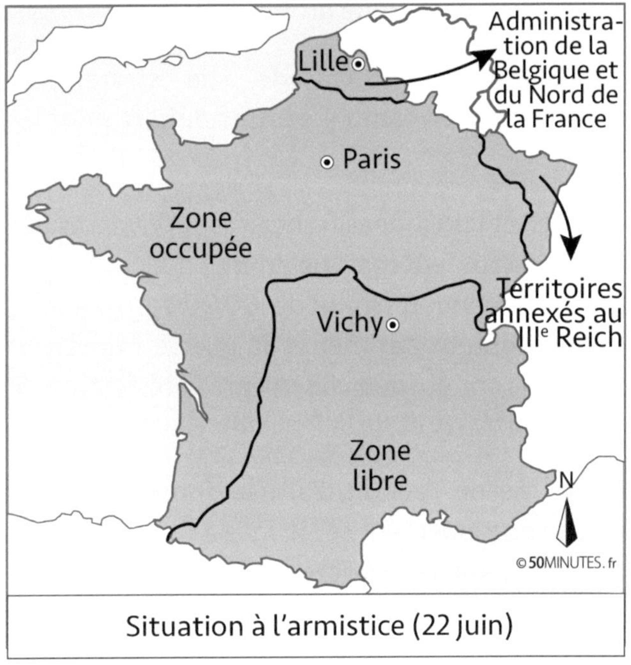

Situation à l'armistice (22 juin)

La situation se révèle donc critique pour l'armée française. Néanmoins, le généralissime Maxime Weygand n'est pas prêt à abandonner. Il tente en effet de reconstituer une ligne de défense sur la Somme et l'Aisne et de ramener des renforts venus d'Afrique et de la ligne Maginot. Par ailleurs, il lance des contre-attaques pour détruire les têtes de pont allemandes sur la Somme. De son côté, le général Charles de Gaulle s'illustre encore à la tête de la 4e division cuirassée de réserve lors de la contre-attaque d'Abbeville (France).

Mais dès le 5 juin, les troupes allemandes déclenchent leur offensive sur la Somme et l'Aisne plus connue sous le nom d'opération « Rot ». Elles opposent 143 divisions aux 71 dont dispose Maxime Weygand et, après une défense héroïque de la ligne Somme-Aisne, les soldats français doivent se replier. Les pertes sont terribles et près de 40 000 hommes sont capturés. Le 14 juin, Paris, déclarée ville ouverte (c'est-à-dire qu'elle s'est rendue sans combat afin d'éviter les destructions) quelques jours auparavant, est occupée par l'armée allemande : l'armée française est définitivement vaincue.

Rapidement, les troupes blindées allemandes encerclent les armées françaises qui défendent la ligne Maginot. Cette dernière est attaquée dans la région d'Alsace-Lorraine, mais les forts les plus importants résistent à l'offensive. Le 10 juin, l'Italie de Benito Mussolini, restée jusqu'alors neutre, déclare la guerre à la France. Bien qu'en large infériorité numérique, les chasseurs alpins français parviennent à bloquer l'assaut italien dans les Hautes-Alpes et les Alpes-Maritimes. L'offensive italienne, qui continue jusqu'à l'armistice du 22 juin, ne fait que des progrès insignifiants, bien loin des objectifs initiaux du Duce.

Cependant, cette victoire ne peut cacher l'ampleur du désastre que subit l'armée française totalement anéantie. Les troupes britanniques et polonaises encore positionnées dans le territoire rembarquent du 15 au 20 juin. Le gouvernement français cherche dès lors une solution pour sortir du conflit alors que des querelles internes font rage :

- d'une part, le président du Conseil Paul Reynaud est partisan de la capitulation militaire, tandis que Philippe Pétain se montre plutôt favorable à l'armistice politique ;
- d'autre part, Paul Reynaud veut poursuivre le combat en Afrique du Nord aux côtés de la Grande-Bretagne alors que Philippe Pétain veut trouver un terrain d'entente avec l'Al-

lemagne pour arrêter le conflit et rester en France.

C'est finalement le maréchal Pétain qui a le dernier mot et qui prend le pouvoir le 15, à la suite de la démission de Paul Reynaud. La demande d'armistice est envoyée le 17 juin, date du départ de Charles de Gaulle à Londres, d'où il prononcera son célèbre appel du 18 juin. Cela n'empêchera pas la signature de l'armistice le 22 juin à Rethondes, dans le même wagon qui avait servi pour l'Armistice du 11 novembre 1918. Deux jours plus tard, l'armistice de Villa Incisa met un terme au conflit avec l'Italie.

BON À SAVOIR

Le 18 juin 1940 est une date restée célèbre dans l'Europe occidentale, car elle est marquée par le célèbre appel du général Charles de Gaulle diffusé à la radio de Londres. Ce dernier fuit la France le 17 juin et rejoint le gouvernement anglais pour continuer la lutte contre le IIIe Reich. Là-bas, il s'adresse au peuple français et lui rappelle qu'il n'est pas seul et qu'il peut compter sur l'appui de la Grande-Bretagne et des États-

Unis pour vaincre l'Allemagne. Le général refuse donc l'armistice et souhaite rallier à sa cause tous les militaires français présents en Grande-Bretagne. Mais si aujourd'hui l'appel du 18 juin est considéré comme un symbole de la Résistance, bien peu de Français l'auront véritablement entendu ce jour-là.

Les termes de l'armistice sont durs :

- la moitié nord de la France – dont Paris – ainsi que toute sa façade atlantique est occupée par l'armée allemande ;
- l'Alsace-Lorraine ainsi que les cantons de l'Est en Belgique sont rattachés au IIIe Reich ;
- la Belgique, les Pays-Bas et le Luxembourg passent sous contrôle militaire allemand.

La France ne se résume donc plus qu'à une zone libre méridionale bientôt connue sous le nom de régime de Vichy. Elle ne compte désormais plus qu'une armée de 100 000 hommes et doit se soumettre aux exigences de l'Allemagne.

La bataille de France constitue donc la plus grande défaite de l'armée française. Ce désastre peut s'expliquer par la faiblesse du plan de bataille allié, mais surtout par les lacunes des armées française et britannique :

- la manœuvre Dyle-Breda, bien trop complexe, prive en outre les forces françaises de leurs réserves ;
- l'armée blindée et l'aviation française, pourtant de bonne facture, ne sont pas employées à bon escient ;
- les Alliés disséminent leurs chars et leur aviation sur tout le front, ce qui réduit à néant la puissance de feu de ces armes, alors que les Allemands concentrent leurs *panzers* et leur aviation sur un seul point offensif.

Par ailleurs, le rythme effréné de la *Blitzkrieg* a surpris la majeure partie de l'état-major allié et a empêché toute riposte. Les armées alliées sont donc battues en 1940 par une Allemagne qui les dépasse au niveau de la stratégie militaire.

RÉPERCUSSIONS DE LA BATAILLE

Le triomphe militaire de l'Allemagne est total. Avec de faibles pertes humaines – bien plus faibles d'ailleurs que celles imaginées par son propre état-major –, la *Wehrmacht* a vaincu les quatre armées alliées qui lui faisaient face. Elle dispose à présent des riches régions industrielles de la Belgique, des Pays-Bas, du Luxembourg et du Nord de la France, ainsi que du matériel militaire allié qu'elle a récupéré. Cependant, l'aviation et la marine allemandes sortent affaiblies des batailles de France et de Norvège, ce qui aura son importance dans la suite du conflit.

À moyen et à long terme, l'issue de la bataille de France amène deux grands changements :

- en premier lieu la Grande-Bretagne, privée du soutien français, se retrouve seule face aux convoitises allemandes et italiennes ;
- ensuite, la conquête par l'Allemagne de la Belgique, des Pays-Bas, du Luxembourg et

de la moitié du territoire français marque le début de la collaboration et de la résistance.

ISOLEMENT DE L'ANGLETERRE

Après l'armistice de Rethondes, l'armée française disparaît des champs de bataille. La Grande-Bretagne se trouve donc seule face à l'Allemagne, et les quelques troupes rescapées des armées battues par le IIIe Reich ne sont que d'un faible secours à Winston Leonard S pencer Churchill. De plus, le contrôle de bases aériennes et navales par l'Allemagne le long de l'océan Atlantique et en mer du Nord fait de l'île une cible évidente pour la *Luftwaffe* et pour un possible débarquement allemand. Toutefois, Londres n'est pas prête à abandonner le combat. L'Angleterre compte sur sa flotte, sur la collaboration des pays du Commonwealth ainsi que sur une aide matérielle des États-Unis – encore neutres à cette époque – pour arrêter et vaincre les troupes d'Adolf Hitler. Winston Le onard Spencer Churchill refuse par conséquent les propositions allemandes de paix, écarte les pacifistes de son gouvernement et promet au peuple britannique la victoire, mais également

« du sang de la sueur et des larmes » (« L'autre appel du 18 juin 40, celui de Churchill », in *Canal Académie*).

L'offensive allemande ne tarde pas à débuter. En mer, les navires de guerre passent à l'attaque des convois anglais présents dans l'océan Atlantique afin de couper l'approvisionnement de la Grande-Bretagne et ainsi la faire capituler. Mais c'est en août que commencent véritablement les préparatifs allemands pour un débarquement. Tandis que les armées allemandes se concentrent en France et aux Pays-Bas, la *Luftwaffe* entame une offensive aérienne pour détruire la *Royal Air Force*, dernier rempart de l'armée britannique.

La bataille d'Angleterre, qui se clôture en automne, marque un tournant dans la Seconde Guerre mondiale. Pour la première fois, la *Luftwaffe* de Hermann Goering est tenue en échec et subit des pertes importantes. Plus de 2 000 chasseurs et bombardiers allemands sont abattus par les avions de chasse anglais. Le débarquement allemand est dès lors annulé. En outre, la Wehrmacht doit se porter au secours de l'armée italienne alors en difficulté.

En effet, débarrassé de la menace française en Tunisie, Benito Mussolini donne l'ordre aux armées italiennes stationnées en Lybie de partir à la conquête de l'Égypte, pays occupé par l'armée britannique. La campagne se solde par un désastre pour les Italiens, obligés d'abandonner une large part de la Lybie et de très nombreux prisonniers à une armée pourtant largement inférieure en nombre. Les combats entre la flotte italienne et la *Royal Navy* en Méditerranée tournent largement en faveur de cette dernière, notamment lors de l'opération aérienne de Tarente et de la bataille du Cap Matapan (pointe nord de la Grèce). Malgré ces succès, la situation de la Grande-Bretagne reste toutefois critique, l'île étant constamment harcelée par la Luftwaffe qui maintient durant le printemps 1941 ses attaques contre les villes anglaises. Il faut attendre le mois de juin 1941 et l'invasion de l'URSS par la Wehrmacht pour que les attaques aériennes cessent et que la Grande-Bretagne obtienne de ce fait un certain répit.

LES DÉBUTS DE LA COLLABORATION ET DE LA RÉSISTANCE

La victoire du IIIe Reich amène des changements politiques importants dans les pays vaincus. Aux Pays-Bas, la reine Wilhelmine (1880-1962) et son gouvernement fuient à Londres le 14 mai ; en Belgique, si le roi Léopold III décide de rester au pays, le gouvernement du Premier ministre Hubert Pierlot (1883-1963) s'exile également à Londres. L'administration militaire allemande gouverne donc ces deux pays en s'appuyant sur les structures administratives encore en place, mais également sur des groupes ou des mouvements proches de la doctrine national-socialiste.

Aux Pays-Bas, le leader fasciste Arthur Seyss-Inquart (1892-1946) prend les commandes du pays avec son parti le NSB, ou alliance national-socialiste. En Belgique des mouvements comme le VNV (ou ligue nationale flamande) de Jeroom Gustaaf De Clercq (1884-1942), le DeVlag de Fredegardus Jacobus Josephus Van de Wiele (1903-1979) ou encore le parti Rex de Léon Degrelle (1906-1994) profitent de la victoire allemande pour changer le régime démocratique belge. Bien que tous ces mouvements ne suivent pas les mêmes objectifs et ne partagent pas la même idéologie, ils sont tous prêts à collaborer avec le IIIe Reich pour parvenir à leurs fins. Pour ce faire, ils n'hésitent pas à envoyer dans des camps de travail des centaines de milliers de leurs concitoyens, et des milliers de partisans sont embrigadés dans les divisions SS en URSS, d'où peu reviendront à la fin de la guerre.

En réponse à cela, se développe la résistance. D'abord passive aux Pays-Bas et en Flandre, elle est d'emblée plus active en Wallonie et à Bruxelles, où le mouvement Rex est honni par la population, surtout depuis les discours de Léon Degrelle qui soulignaient l'appartenance des Wallons au peuple aryen. De manière générale, les populations belge, hollandaise et luxembourgeoise se montrent hostiles à la collaboration avec l'Allemagne nazie, même si, dans un premier temps, elles restent passives. Les mouvements de résistance se renforcent toutefois dès les premières défaites de la *Wehrmacht*.

LA SITUATION EN FRANCE

Dans la zone française restée libre se met en place, sous la direction du maréchal Philippe Pétain, le gouvernement de Vichy. Ce nouveau régime, marqué par l'hétérogénéité de ses membres, remplace la IIIe République, jugée responsable de la défaite militaire en raison de sa décadence. Dès le début, le gouvernement affiche sa volonté de collaborer avec les autorités allemandes. Rapidement, le maréchal Philippe Pétain rencontre le Führer à Montoire et des lois anti-juives sont décrétées dès la fin 1941. L'État coupe également tout contact diplomatique officiel avec la Grande-Bretagne et apportera, lors de l'invasion de l'URSS, une légion de soldats volontaires réunie sous l'acronyme LVF (légion des volontaires français) pour combattre aux côtés des troupes allemandes, qui deviendra plus tard la division Charlemagne, engagée sous les couleurs de la SS.

À partir de 1943, se met également en place la Milice, commandée par Joseph Darnand (1897-1945), dans le but de combattre les maquis des résistants français et cela avec une rare férocité. Cependant, la politique collaborationniste de

Vichy paraît encore trop timorée pour certains admirateurs d'Adolf Hitler à Paris, en particulier Jacques Doriot (chef du parti populaire français, 1898-1945) et Marcel Déat (chef du rassemblement national-populaire, 1894-1955), qui désirent une collaboration complète avec l'Allemagne et l'établissement d'un régime fasciste en France, semblable à celui qui a cours en l'Allemagne ou en Italie. Mais la population française, si elle demeure un temps fidèle à Philippe Pétain, ne se rallie pas à ces deux partis extrémistes, et la Résistance gagne progressivement du terrain en France.

Il existe toutefois une autre France, la France libre, qui apparaît dès l'armistice de Rethondes. Incarnée par le général Charles de Gaulle, qui refuse la création du gouvernement de Vichy et tente de coaliser les colonies françaises d'Afrique centrale aux côtés des Alliés, avec un succès certain. Si le poids de la France libre reste marginal tant au niveau politique que sur les champs de bataille, elle permet toutefois à la IIIe République de subsister. Tous les mouvements de résistance en France se rallient donc à Charles de Gaulle.

Ainsi, la bataille de France et la victoire de l'Allemagne plongent l'Europe continentale dans un véritable chaos politique et structurel. Pour les admirateurs d'Adolf Hitler, convaincus de la victoire allemande, tout semble à présent possible. Pour la population européenne, et plus particulièrement pour la communauté juive, c'est le début d'un long cauchemar fait de privations, de violence, d'arrestations arbitraires et de déportations forcées dans les camps de concentration et d'extermination allemands. Il faudra attendre plus de cinq ans pour que l'Europe occidentale soit enfin libérée de l'occupation allemande.

EN RÉSUMÉ

1940

10 mai : Invasion de la Belgique, des Pays-Bas et du Luxembourg

15 mai : Capitulation des Pays-Bas

24 mai : Les Allemands parviennent à Calais

28 mai : Capitulation de la Belgique

5 juin : Opération allemande « Rot »

14 juin : L'armée allemande est à Paris

15 juin : Philippe Pétain à la tête du Gouvernement

18 juin : Appel à la résistance de Charles de Gaulle

22 juin : Fin de la bataille de France

- Considérée comme la deuxième opération terrestre la plus importante menée durant la Seconde Guerre mondiale, la bataille de France trouve ses origines dans la signature du traité de Versailles en 1919, qui place l'Allemagne dans une situation de crise et met fin à son empire.

- Décidée à se venger de l'humiliation subie, l'Allemagne cherche à nouveau à s'étendre et devient de plus en plus menaçante. Pourtant la France et la Grande-Bretagne ne réagissent pas directement, souhaitant à tout prix empêcher qu'un nouveau conflit n'éclate.

- Le 1er septembre 1939, l'Allemagne lance avec succès sa campagne d'invasion de la Pologne, qui marque le début de la Seconde Guerre mondiale.

- Alors que sur le front franco-allemand, les deux camps se sont retranchés derrière leur système de fortification, de nombreux combats font rage dans le nord de l'Europe et, très vite, le Danemark et la Norvège – pays pourtant neutres – sont envahis.

- Le 10 mai, la Belgique, les Pays-Bas et le Luxembourg sont envahis, précipitant l'entrée en combat de la France et de la Grande-Bretagne. Leur objectif est simple : il s'agit d'arrêter Adolf Hitler et de détruire son régime national-socialiste pour garantir la sécurité de l'Europe.

- La situation des armées alliées est désespérée dès les premiers jours de l'offensive. Les blindés de Heinz Guderian parviennent à franchir la

Meuse et, le 24 mai, les Allemands atteignent la mer du Nord : le « coup de faucille » a réussi, forçant les troupes alliées à se replier à Dunkerque.

- Profitant d'une accalmie, des centaines de milliers de soldats français et anglais sont évacués en Grande-Bretagne, laissant la France pratiquement seule face à l'Allemagne.

- Dès le 5 juin, les troupes allemandes déclenchent l'offensive de la Somme et de l'Aisne, qui consume les dernières forces de l'armée française : elle est définitivement vaincue.

- Le maréchal Pétain prend la tête du gouvernement le 15 juin et demande aussitôt l'armistice, tandis que le général Charles de Gaulle part à Londres.

- Le 22 juin est signé à Rethondes l'armistice entre la France et l'Allemagne, dont les termes sont durs pour la France qui perd l'Alsace et la Lorraine et verra sa moitié nord occupée par la *Wehrmacht*.

- Peu à peu se met en place dans les pays occupés par l'Allemagne une résistance prête à combattre l'envahisseur. Il faudra toutefois attendre plus de cinq ans pour que l'Europe occidentale soit libérée.

Votre avis nous intéresse !
Laissez un commentaire sur le site de votre
librairie en ligne et partagez vos coups de cœur sur
les réseaux sociaux !

POUR ALLER PLUS LOIN

SOURCES BIBLIOGRAPHIQUES

- ARZALIER (Jean-Jacques), « La campagne de mai-juin 1940. Les pertes ? », in LEVISSE-TOUZÉ (Christine), *La campagne de 1940. Actes du colloque du 16 au 18 novembre 2000*, Paris, Tallandier, 2001.

- BAUER (Eddy), *La dernière guerre ou Histoire controversée de la Deuxième Guerre mondiale*, t. II et III, Paris, Grange Batelière, 1973.

- BAUER (Eddy), *Les terribles journées de mai 1940*, Glarus, Christophe Colomb, 1984.

- BEAUFRE (André), *Le drame de 1940*, Paris, Plon, 1965.

- BENOIST-MÉCHIN (Jacques), *Soixante jours qui ébranlèrent l'Occident*, Paris, Robert Laffont, 1981.

- CIANO (Galeazzo), *Journal politique 1939-1943*, t. I, Neuchâtel, Éditions de la Baconnière, 1964.

- DUROSELLE (Jean-Baptiste), *Politique étrangère de la France. L'abîme. 1939-1944*, Paris, Imprimerie nationale, 1982.

- FRIESER (Karl Heinz), *Le Mythe de la guerre éclair. La campagne de l'Ouest de 1940*, Paris, Édition Belin, 2003.

- GOUTARD (Alphonse), *La guerre des occasions perdues*, Paris, Hachette, 1956.

- KERSHAW (Ian), *Choix fatidique. Dix décisions qui ont changé le monde. 1940-1941*, Paris, Éditions du Seuil, 2009.

- « L'autre appel du 18 juin 40, celui de Churchill », in *Canal Académie. Les Académies et l'Institut de France sur Internet*, consulté le 27 janvier 2014. http://www.canalacademie.com/ida5039-L-autre-appel-du-18-juin-40-celui-de-Churchill.html

- LORMIER (Dominique), *Histoire de la France militaire et résistante. 1939-1942*, Paris, Éditions du Rocher, 2000.

- SANTAMARIA (Yves), *1939, le pacte germano-soviétique*, Bruxelles, Éditions Complexe, 1998.

- VALLAUD (Pierre), *Témoins de l'Histoire. La Seconde Guerre mondiale*, Paris, Éditions Acropole, 2002.

SOURCES COMPLÉMENTAIRES

- ALAIN (Jean-Claude), « Le nouvel ordre international et l'Europe de Versailles », in De La Gorce (Paul-Marie), *La Première Guerre mondiale*, Paris, Flammarion, 1991.

- CARRIER (Richard), *Réflexions sur l'efficacité militaire de l'armée des Alpes, 10-25 juin 1940*, Revue historique des armées, 250, 2008, p. 85-93.

- KRUMEICH (Gerd), *Le traité de Versailles vu d'Allemagne*, Paris, L'Histoire, 1999.

- LORMIER (Dominique), *La bataille de France jour après jour. Mai-juin 1940*, Paris, Le Cherche Midi, 2010.

- RAGACHE (Gilles), *La fin de la campagne de France*, Paris, Économica, coll. « Campagnes & Stratégies », 2010.

- RICHARDOT (Jean-Pierre), *100 000 morts oubliés. La bataille de France 10 mai-25 juin 1940*, Paris, Le Cherche-midi, 2009.

- SOUDAGNE (Jean-Pascal), *L'histoire de la ligne Maginot*, Rennes, Éditions Ouest-France, coll. « Histoire », 2010.

- VANWELKENHUYZEN (Jean), *1940. Pleins feux sur un désastre*, Bruxelles, Éditions Racine, 1995.

- VERNERT (Jacques), « La bataille de la Somme », in VAISSE (Maurice), *Mai-juin 1940. Défaite française, victoire allemande, sous l'œil des historiens étrangers*, Paris, Autrement, 2010.

FILMS ET DOCUMENTAIRES

- *La Bataille de France*, documentaire de Jean Aurel, France, 1964.

- *Week-end à Zuydcoote*, film d'Henri Verneuil, avec Jean-Paul Belmondo, Jean-Pierre Marielle et François Périer, France et Italie, 1964.

- *La Bataille d'Angleterre*, film de Guy Hamilton, avec Michael Caine, Trevor Howard et Curd Jürgens, Grande-Bretagne, 1969.

- *La Bataille de France*, documentaire de Daniel Costelle, France, 2001.

MUSÉES ET BÂTIMENTS COMMÉMORATIFS

- Le fort d'Eben-Emael (Belgique).

- Le fort de Schoenenbourg, ouvrage de la ligne Maginot en Alsace (France).

- Le mémorial de la France combattante, Suresnes (France).

- Le musée d'histoire militaire de Lyon et de sa région, Lyon (France).

- Le musée de la Bataille de l'Escaut, Flines-lez Mortagne (France).

- Le musée de la Bataille de mai-juin 1940, Moulin de Waroux-Semuy (France).

www.50minutes.fr

ISBN ebook : 978-2-8062-5405-4
ISBN papier : 978-2-8062-5586-0
Dépôt légal : D/2014/12603/14
Photo de couverture : *Campagne française et Panzer IV*, photo par Eckert Erhardt © Bundesarchiv. Domaine public.

Conception numérique : Primento, le partenaire numérique des éditeurs